L'Arte Della Guerra

Una Nuova Traduzione

Sun Tzu

...

Elenco dei collaboratori: Sun Tzu, Lionel Giles, A. G. Moretti.

Sun Tzu è stato un generale, stratega e filosofo cinese che ha vissuto nel V secolo a.C. È noto soprattutto per il suo trattato sull'arte della guerra, considerato uno dei più importanti libri di strategia militare mai scritti. Le sue teorie si basano sull'idea che la guerra può essere evitata attraverso la conoscenza delle forze in campo e sulla capacità di usare il pensiero strategico per prevederne gli esiti. Le sue idee sono state applicate non solo in campo militare, ma anche in diversi settori della vita, come la politica, l'economia e la gestione aziendale.

Espandete i vostri orizzonti letterari e regalate la gioia della lettura: Scoprite un mondo di libri accattivanti che ispirano, educano e divertono!

https://www.legendaryeditions.art/

CONTENUTI

PREFAZIONE

Nel mondo della strategia militare, pochi testi sono tanto ammirati e studiati come "L'Arte della Guerra" di Sun Tzu. Questo antico trattato cinese è stato tradotto in numerose lingue, letto da leader militari, dirigenti d'azienda e artisti marziali, ed è considerato una delle opere più importanti mai scritte sulla guerra.

Nonostante abbia più di due millenni, "L'Arte della Guerra" rimane incredibilmente attuale ai giorni nostri. La sua visione sulla leadership, la pianificazione e le tattiche sono state applicate non solo sui campi di battaglia, ma anche nelle sale riunioni e nelle aule di tutto il mondo.

Ma "L'Arte della Guerra" non è solo una guida pratica alla vittoria nelle battaglie. È un trattato filosofico sulla natura del conflitto e del comportamento umano. L'insegnamento di Sun Tzu va oltre la mera strategia e si addentra nella stessa essenza della natura umana, esaminando come rispondiamo alle sfide, come ci relazioniamo con gli altri e come prendiamo decisioni, sia in tempi di pace che di guerra.

Questo libro presenta un approccio atemporale alla risoluzione dei conflitti, radicato nella comprensione ed empatia piuttosto che nella dominazione e nell'aggressività. Imparando a comprendere le motivazioni dei propri avversari e coltivare uno spirito di cooperazione e rispetto, Sun Tzu credeva che si potesse raggiungere la vittoria senza mai dover combattere.

Che tu sia uno stratega militare, un dirigente d'azienda o semplicemente uno studente della natura umana, "L'arte della guerra" è assolutamente da leggere. La sua visione sulla leadership, il lavoro di squadra e la comunicazione sono tanto attuali oggi quanto lo erano duemila anni fa, e le sue lezioni sulla natura del conflitto e del comportamento umano risuoneranno nei lettori per le generazioni a venire.

I. LA STRATEGIA DELL'ARTE BELLICA

— L'importanza Della Preparazione

Prima di affrontare una battaglia, è importante avere un piano ben definito. Per farlo, è necessario condurre un'analisi accurata della situazione. Inizia identificando i punti di forza e debolezza tuoi e del nemico. Considera il terreno e tutti gli elementi ambientali che potrebbero influire sull'esito della battaglia. Seguendo questi passaggi, potrai creare una solida base per una campagna militare di successo. Concentrati nell'effettuare un'analisi completa della situazione prima di prendere qualsiasi decisione. Comprendi i tuoi punti di forza e debolezza, così come quelli del nemico. Considera il terreno e qualsiasi fattore ambientale che possa influire sull'esito della battaglia.

1. Sun Tzu affermò: "L'arte della guerra è di importanza vitale per lo Stato".

2. Si parla di una questione di vita o di morte, un percorso che può portare alla sicurezza o alla rovina. Pertanto, questo argomento di indagine non deve mai essere trascurato.

3. L'arte della guerra è guidata da cinque fattori costanti che devono essere presi in considerazione in ogni decisione presa per determinare le condizioni presenti sul campo.

La comunicazione è il primo fattore. È importante coordinare le proprie forze in modo efficace per contrastare gli avversari.

Il secondo fattore è la geografia. È necessario conoscere il terreno in cui si combatte, le sue caratteristiche e le sue peculiarità.

Il terzo fattore è il clima. Il tempo e le condizioni meteorologiche influenzano notevolmente le strategie militari, in particolare nei conflitti all'aperto.

Il quarto fattore è la leadership. Un generale capace è fondamentale per la vittoria, in quanto è lui a guidare le proprie truppe e a prendere decisioni decisive.

Infine, il fattore chiave è la strategia e la tattica. È importante conoscere le abilità e le debolezze del proprio esercito e dei propri avversari per decidere la strategia migliore per vincere la guerra.

4. Questi sono: (1) la legge morale; (2) il cielo; (3) la terra; (4) il comandante; (5) il metodo e la disciplina.

5-6. Il codice morale assicura che il popolo si trovi in completo accordo con il proprio governante, in modo tale da seguirlo indipendentemente dalle conseguenze e senza temere pericoli o intimidazioni.

7. Il cielo rappresenta la notte e il giorno, il freddo e il caldo, i tempi e le stagioni.

8. La Terra presenta distanze grandi e piccole, insidie e sicurezza, terreni aperti e passaggi stretti, possibilità di vita e morte.

9. Il Comandante rappresenta le virtù della saggezza, della sincerità, della benevolenza, del coraggio e del rigore.

10. Con il metodo e la disciplina si intende la corretta suddivisione dell'esercito, la scala gerarchica tra gli ufficiali, la manutenzione delle

strade attraverso cui le forniture raggiungono l'esercito, nonché il controllo delle spese militari.

11. Queste cinque caratteristiche dovrebbero essere ben note a tutti i generali: coloro che le conoscono saranno vittoriosi, mentre quelli che non le conoscono falliranno. È di vitale importanza essere consapevoli di tali caratteristiche, poiché possono essere decisive per determinare l'esito di una battaglia. Dunque, è fondamentale prestare attenzione ai seguenti elementi: la conoscenza del proprio nemico, la forza delle proprie truppe, la strategia di attacco, la capacità di adattamento e la disciplina dei propri soldati. Soltanto un generale che padroneggia ogni aspetto di queste cinque caratteristiche può sperare di raggiungere la vittoria contro qualunque avversario.

12-14. Pertanto, nelle vostre deliberazioni, quando cercate di determinare le condizioni militari, dovete utilizzare questa modalità di confronto: (1) Quali dei due sovrani sono guidati dalla legge morale? (2) Quale dei due generali possiede maggior abilità? (3) Da chi derivano i vantaggi dal cielo e dalla terra? (4) Da quale parte viene applicata la disciplina più rigorosamente? (5) Quale esercito è il più forte? (6) In quale esercito vi sono gli ufficiali e i soldati più addestrati? (7) In quale esercito vi è la maggiore costanza, sia nella ricompensa che nella punizione? Attraverso queste sette considerazioni si può prevedere la vittoria o la sconfitta.

15. Se il generale ascolta il mio consiglio e lo mette in pratica, avrà successo: è imprescindibile che rimanga al comando! Se il generale non segue il mio consiglio e non lo mette in pratica, subirà una sconfitta: sarà necessario allontanarlo!

16. Seguendo il mio consiglio riguardo al profitto, ti suggerisco anche di sfruttare le opportunità utili al di là delle normali regole.

17. In base alle circostanze vantaggiose, sarebbe opportuno apportare delle modifiche ai propri piani.

18. Ogni guerra si fonda sulla menzogna.

19. Pertanto, quando siamo capaci di attaccare, dovremmo sembrare incapaci; quando usiamo le nostre forze, dovremmo sembrare inattivi; quando siamo vicini, dovremmo convincere il nemico che siamo lontani; quando siamo lontani, dovremmo farlo credere che siamo vicini.

20. Tendi le esche per attirare il nemico e fingi disordine per schiacciarlo.

21. Se sei sicuro su tutti i punti, preparati ad affrontarlo. Se la sua forza è superiore alla tua, evitalo.

22. Se il tuo avversario ha un temperamento collerico, cerca di infastidirlo. Mostrati debole in modo che possa diventare arrogante.

23. Se stai cercando di riposare, non acconsentire. Se le tue forze sono unite, separale.

24. Colpiscilo quando non è preparato, appari dove non ti aspetti di essere visto.

25. Questi strumenti militari, essenziali per ottenere la vittoria, non devono in nessun caso essere divulgati in anticipo. È importante mantenere il massimo livello di segretezza per tutelare la sicurezza dei nostri soldati e preservare l'effetto sorpresa sul nemico.

26. Ora, il generale che vince una battaglia fa molte considerazioni nella sua mente prima che la battaglia abbia luogo. Il generale che invece perde una battaglia fa poche considerazioni in anticipo. Quindi, molte considerazioni conducono alla vittoria, mentre poche conducono alla sconfitta. Non considerare affatto le proprie azioni può portare alla rovina. É attraverso l'attenzione prestata a questi dettagli che posso prevedere chi è destinato a vincere o perdere.

II. CONDUCI LA TUA GUERRA

— L'essenza Delle Operazioni Militari E Delle Tattiche

L'essenza delle operazioni e delle tattiche militari consiste nella capacità di adattarsi alle circostanze che si presentano. Per ottenere un vantaggio sul nemico, è necessario individuare e sfruttare le debolezze della sua strategia. Sii flessibile e adattabile nel tuo approccio alla guerra. Adatta le tue tattiche al volo in base alle mutevoli condizioni del campo di battaglia. Cerca le debolezze nella strategia del nemico e sfruttale ogni volta che possibile.

1. Sun Tzu disse: Nelle operazioni di guerra, dove ci sono mille civette veloci, altrettante civette pesanti e centomila soldati con armatura, il costo totale per la spesa a casa e sul fronte è di mille once d'argento al giorno. Questo include il cibo sufficiente per portare tutti a mille li, intrattenimento per gli ospiti, piccoli elementi come colla e vernice e le spese per le civette e le armature. Il costo è quello per alzare un esercito di centomila uomini.

2. Quando si partecipa a combattimenti reali e la vittoria tarda ad arrivare, le armi degli uomini si anneriranno e il loro ardore si affievolirà. Inoltre, assediando una città, si esaurisce la propria forza.

3. Se la campagna verrà prolungata, le risorse statali potrebbero non essere sufficienti per far fronte alla pressione.

4. Ora, quando le tue armi sono spuntate, il tuo ardore è sparito, la tua forza è esaurita e il tuo tesoro è stato speso, altri leader emergeranno per approfittare della tua vulnerabilità. In quel momento, nessun uomo, per quanto saggio, sarà in grado di evitare le conseguenze inevitabili.

5. Pertanto, anche se c'è chi ha criticato l'imprudente fretta in guerra, l'astuzia non è mai stata legata a lunghe attese.

6. Non esiste alcun esempio di un paese che abbia tratto vantaggio da una guerra prolungata.

7. Solo coloro che sono completamente consapevoli dei pericoli della guerra possono veramente comprendere il modo efficace di condurla.

8. Il soldato esperto non solleva una seconda volta la leva, né carica i suoi carri di rifornimento più di due volte.

9. Porta con te i tuoi armamenti da casa, ma procurati rifornimenti dal nemico. In questo modo, l'esercito disporrà di cibo sufficiente per le sue necessità.

10. La povertà delle finanze dello Stato comporta la necessità di mantenere un esercito tramite contributi esterni. Tuttavia, ciò conduce all'impoverimento della popolazione dovuto ai costi per il mantenimento di un esercito distante.

11. D'altra parte, la presenza di un esercito fa aumentare i prezzi; e i costi elevati causano la diminuzione della sostanza della popolazione.

12. Quando la loro sostanza verrà prosciugata, la popolazione contadina subirà gravose esazioni.

13-14. Con questa perdita di sostanza ed esaurimento di forze, le famiglie verranno depauperate e perderanno tre decimi del loro reddito; mentre il governo spenderà quattro decimi del suo ricavo per sostituire carri distrutti, cavalli logori, pettorali ed elmi, archi e frecce, lance e scudi, mantelli protettivi, buoi da trasporto e pesanti carri.

15. Quindi, un generale prudente si preoccupa di saccheggiare il nemico. Un carico di rifornimenti nemici vale venti volte il proprio, così come un singolo picul del loro foraggio equivale a venti della propria riserva.

16. Per eliminare il nemico, i nostri uomini devono essere motivati dalla rabbia; al fine di ottenere vantaggio dalla sconfitta dell'avversario, è necessario che ricevano adeguate ricompense.

17. Durante la lotta con i carri da guerra, se si riescono a catturare dieci o più carri, è necessario premiare i soldati che hanno catturato il primo. Le bandiere nemiche devono essere sostituite dalle nostre e i carri catturati dovrebbero essere mescolati e utilizzati insieme ai nostri. Inoltre, i soldati nemici catturati devono essere trattati con gentilezza e mantenuti al sicuro.

18. Questa strategia è nota come sfruttare la sconfitta dell'avversario per aumentare la propria forza.

19. Durante la guerra, il tuo obiettivo principale deve essere la vittoria, senza indulgere in lunghe campagne militari.

20. Pertanto, si può comprendere che il comandante in capo dell'esercito è l'arbitro del destino del popolo, l'uomo che decide se la nazione sarà in pace o in pericolo.

III. L'ATTACCO CON LE STRATAGEMMI

— Padronanza dell'arte dell'inganno e sorpresa

L'inganno e la sorpresa possono essere potenti strumenti in guerra. Creare un'illusione di forza o debolezza può indurre il nemico a comportarsi in un modo particolare. Sii creativo e imprevedibile nel tuo approccio alla guerra. Utilizza tattiche come finti attacchi o imboscate per cogliere il nemico di sorpresa. Leggi i movimenti e le reazioni dell'avversario per capitalizzare qualsiasi opportunità che si presenti.

1. Sun Tzu ha affermato che nell'arte pratica della guerra, la soluzione migliore è quella di conquistare interamente il paese nemico senza distruggerlo o spezzettarlo in piccoli pezzi. Inoltre, è preferibile catturare un'intera armata invece che distruggerla, così come è meglio catturare un reggimento, un distaccamento o un'intera compagnia piuttosto che distruggerli.

2. Quindi, combattere e conquistare in ogni battaglia non rappresenta l'eccellenza suprema, ma l'eccellenza suprema è raggiungibile rompendo la resistenza del nemico senza dover combattere.

3. La forma più elevata di strategia generale consiste nell'ostacolare i piani del nemico; la seconda migliore è impedirne l'unione delle forze; la terza in ordine è attaccare l'esercito nemico sul campo di battaglia, mentre la politica peggiore è quella di assediare città fortificate.

4. La regola prevede di evitare l'assedio delle città fortificate, se possibile. La preparazione di mantelli, rifugi mobili e vari strumenti da guerra richiede ben tre mesi di tempo, mentre la costruzione di cumuli di terra davanti alle mura occupa altrettanto tempo.

5. Il generale, incapace di controllare la sua irritazione, lancia i suoi uomini all'assalto come sciame di formiche, con il risultato che un terzo dei suoi uomini viene ucciso, ma la città rimane ancora inviolata. Questi sono gli effetti disastrosi di un assedio.

6. In tal modo, il leader abile riesce a sottomettere le truppe nemiche senza dover combattere, conquistando le loro città senza bisogno di assediarle e rovesciando il loro regno senza lunghe operazioni in campo.

7. Con le sue forze intatte, egli intende contestare la supremazia dell'Impero. Così, senza perdite umane, il suo trionfo sarà completo. Questo è un metodo di attacco astuto.

8. Durante la guerra, ci sono regole da seguire: se le nostre forze sono dieci volte superiori a quelle del nemico, dobbiamo circondarlo; se sono cinque volte superiori, attaccarlo; se invece siamo il doppio del nemico, dobbiamo dividere il nostro esercito in due parti. In questo modo, riusciremo a ottenere la vittoria.

9. Se siamo equipaggiati allo stesso modo, possiamo combattere; se siamo in minoranza, possiamo evitarlo; se siamo completamente inferiori in ogni aspetto, dobbiamo fuggire.

10. Quindi, anche se una forza piccola può resistere con vigore, alla fine verrà catturata dalla forza maggiore.

11. Attualmente, il ruolo del generale è fondamentale per la difesa dello Stato: se la difesa risulta completa in ogni suo aspetto, lo Stato sarà in grado di mantenersi forte; al contrario, se si rilevano difetti nella difesa, lo Stato si renderà vulnerabile e debole.

12-15. Ci sono tre modi in cui un governante può portare sfortuna al proprio esercito: (1) Comandando l'avanzata o retrocessione delle truppe, ignorando il fatto che non è possibile obbedire. Questo evento viene definito zoppicare l'esercito. (2) Tentando di governare un esercito allo stesso modo in cui si amministra un regno, trascurando le condizioni uniche che si verificano nell'esercito. Ciò genera inquietudine nella mente dei soldati. (3) Impiegando gli ufficiali dell'esercito senza alcuna considerazione, in mancanza del principio militare di adattamento alle circostanze. Ciò scuote la fiducia dei soldati.

16. Tuttavia, se l'esercito è agitato e diffidente, i problemi possono derivare dagli altri principi feudali. Questo potrebbe generare l'anarchia nell'esercito e compromettere la vittoria.

17. Possiamo comprendere che ci sono cinque fattori fondamentali per ottenere la vittoria: (1) Il successo arriva ad chi sa quando scegliere di combattere e quando invece astenersi. (2) Chi è in grado di gestire sia le forze superiori che quelle inferiori, ha maggiori probabilità di vincere. (3) Chi ha un esercito unito e motivato a tutti i livelli, potrà prevalere sugli avversari. (4) Chi si prepara adeguatamente e coglie l'avversario impreparato, ha maggiori probabilità di vincere. (5) Chi possiede abilità militari e non è ostacolato dal sovrano, potrebbe ottenere la vittoria. La conoscenza di questi cinque elementi è fondamentale per raggiungere la vittoria.

18. Pertanto, il detto afferma: "Se conosci il tuo nemico e te stesso, non avrai nulla da temere da cento battaglie. Se conosci te stesso ma non il tuo nemico, otterrai una vittoria ma subirai anche una

sconfitta. Se non conosci né il tuo nemico né te stesso, sarai sconfitto in ogni battaglia".

IV. LE STRATEGIE DEGLI ATTACCHI DIVISI

— La Comprensione Terreno e Formazioni Militari

Comprendere il terreno e utilizzare le formazioni militari a proprio vantaggio può essere fondamentale per vincere una battaglia. Posiziona le tue truppe nella maniera più efficace possibile. Comprendi il terreno e come questo possa influire sull'esito della battaglia. Schiera truppe per massimizzare la loro efficacia. Usa le tattiche lungo i fianchi e la divisione del nemico per ottenere un vantaggio.

1. Sun Tzu affermava che i grandi guerrieri del passato si posizionavano sempre al di là della possibilità di essere sconfitti, e aspettavano pazientemente l'occasione perfetta per poter annientare il proprio nemico.

2. Proteggerci dalla sconfitta è nelle nostre mani, ma l'opportunità di sconfiggere il nemico è data dal nemico stesso.

3. Il combattente capace è in grado di proteggersi dalla sconfitta, tuttavia non può essere certo di sconfiggere il nemico.

4. Quindi si dice: "Si può sapere come conquistare senza esserne capaci."

5. La sicurezza da un'eventuale sconfitta richiede l'utilizzo di tattiche difensive, mentre la capacità di sconfiggere il nemico richiede l'adozione dell'offensiva.

6. Essere sulla difensiva indica una carenza di forza; attaccare, una sovrabbondanza di forza.

7. Il generale esperto nella difesa si rifugia nelle più oscure cavità della terra, mentre quello esperto nell'attacco domina le vette più alte del cielo. In tal modo, da una parte abbiamo la possibilità di proteggerci, dall'altra quella di conquistare una vittoria totale.

8. Considerare la vittoria come l'obiettivo solo quando è raggiungibile per la popolazione comune non rappresenta il vertice dell'eccellenza.

9. Non è nemmeno il culmine dell'eccellenza se combatti e conquisti e tutto l'Impero ti dice: "Bravo!"

10. Sollevare un ciuffo d'autunno non è segno di grande forza; vedere il sole e la luna non è segno di vista acuta; sentire il rumore del tuono non è segno di un orecchio veloce.

11. Ciò che gli antichi definivano come un abile combattente è colui che non solo trionfa, ma lo fa con maestria e facilità. Questo individuo si distingue non solo per la capacità di sopraffare il nemico, ma anche per l'abilità di farlo senza eccessive difficoltà.

12. Pertanto, le sue vittorie non gli procurano né reputazione per saggezza né credito per coraggio.

13. Lui vince le proprie battaglie evitando gli errori. Evitare gli errori è il fattore che determina la certezza della vittoria, in quanto significa superare un nemico già sconfitto.

14. Pertanto, il combattente esperto si posiziona strategicamente in modo tale da rendere la sconfitta impossibile e non perde l'opportunità di sconfiggere il nemico.

15. Ecco perché, durante la guerra, lo stratega vincente cerca la battaglia solo dopo aver ottenuto la vittoria, mentre colui che è destinato alla sconfitta combatte all'inizio e poi tenta di ottenere la vittoria.

16. Il leader esperto nel suo campo garantisce il rispetto della legge morale e aderisce rigorosamente ai metodi e alla disciplina, acquisendo così il potere di gestire il successo.

17. In ambito militare, abbiamo, innanzitutto, la Misurazione; successivamente, la Stima delle quantità; poi, il Calcolo; in quarto luogo, il Bilanciamento delle possibilità e, infine, la Vittoria.

18. La misurazione ha luogo sulla Terra; l'estimazione della quantità segue la misurazione; il calcolo segue l'estimazione della quantità; il bilanciamento delle probabilità segue il calcolo; e la vittoria segue il bilanciamento delle probabilità.

19. Un esercito vittorioso che si contrappone a uno sconfitto è come il peso di una sterlina posto sulla bilancia contro un singolo granello.

20. L'arrivo di una forza conquistatrice può essere paragonato allo scarico di acqua da una pentola in una voragine profonda di mille braccia, soprattutto per quanto riguarda le disposizioni tattiche.

V. LA FORZA VITALE

— Canalizzare Energia E Risorse Per La Vittoria

Canalizzare l'energia e le risorse verso la vittoria può essere un modo efficace per ottenere il successo con meno sforzo. Assegna priorità alle attività e utilizza le risorse nel modo più efficace possibile. Conserva energia e risorse ovunque possibile per mantenere un vantaggio strategico.

1. Sun Tzu disse: Il controllo di una grande forza si basa sullo stesso principio che governa il controllo di un gruppo di uomini: è solo questione di dividere il loro numero.

2. Condurre un grande esercito sotto il tuo comando non differisce dalla conduzione di uno piccolo: dipende solo dall'istituire segnali e comunicazioni.

3. Per assicurarti che l'intero tuo esercito possa resistere all'attacco nemico e restare saldo, ciò deve essere realizzato attraverso manovre dirette e indirette.

4. Che l'impatto del tuo esercito sia pari a una molla che si spezza contro un uovo è il risultato della conoscenza dei punti deboli e delle forze.

5. In qualsiasi combattimento, il metodo diretto può essere impiegato per entrare in battaglia, tuttavia, è necessario adottare anche metodi indiretti per garantirsi la vittoria.

6. Le tattiche indirette, se applicate in modo efficace, sono infinite come il cielo e la terra, continue come il fluire dei fiumi e dei torrenti, e come il sole e la luna, possono finire solo per rinascere di nuovo. Allo stesso modo delle stagioni che passano ma che poi ritornano ancora una volta.

7. Ci sono soltanto cinque note musicali, eppure le combinazioni di queste cinque note possono generare molte più melodie di quante si possano mai ascoltare.

8. Non ci sono più di cinque colori primari (blu, giallo, rosso, bianco e nero); tuttavia, quando combinati, producono una vasta gamma di sfumature che non sarebbe possibile vedere tutte insieme.

9. Non esistono più di cinque gusti fondamentali (acido, acre, salato, dolce, amaro). Tuttavia, le loro combinazioni producono un numero di sapori che non possono essere tutti assaggiati. Possiamo provare un gran numero di sapori attraverso le loro possibili combinazioni.

10. In battaglia, esistono due principali metodi di attacco: diretto e indiretto. Tuttavia, la loro combinazione permette di sviluppare una vasta gamma di manovre.

11. L'influenza diretta e indiretta si influenzano a vicenda. È come essere in un cerchio dal quale non si esce mai. Chi può esaurire le molte possibilità di combinazione tra i due tipi di influenza?

12. L'arrivo delle truppe è come l'impeto di un fiume che porta con sé le pietre lungo il suo corso.

13. La qualità delle decisioni è paragonabile all'attacco al momento ideale di un falco, che gli consente di colpire e dare la preda.

14. Pertanto, un buon combattente sarà spaventoso nel suo attacco e pronto nella sua decisione.

15. L'energia può essere paragonata alla carica di una balestra; mentre la decisione corrisponde al momento del rilascio del grilletto.

16. In mezzo alla confusione e al tumulto della battaglia, può sembrare che regni il disordine, ma in realtà non è così. Durante il caos, il tuo schieramento potrebbe sembrare privo di un capo o di una coda, ma sarà messo alla prova contro l'imminente sconfitta.

17. La simulazione del disordine richiede una perfetta disciplina; la simulazione della paura richiede coraggio; la simulazione della debolezza richiede forza.

18. Creare ordine in mezzo al caos è semplicemente una questione di suddivisione; nascondere il coraggio sotto un'apparenza di timidezza richiede una riserva di energia latente; mascherare la forza con la debolezza può essere ottenuto tramite tattiche efficaci.

19. Colui che è capace di mantenere il nemico sempre in movimento utilizza delle apparenze ingannevoli, alle quali il nemico reagirà. In tal modo, egli sacrifica qualcosa affinché il nemico possa cadere nella trappola. È importante saper mantenere questa strategia a lungo termine, in modo da mantenere costante l'attenzione del nemico e da prevenire eventuali attacchi. La gestione del movimento del nemico richiede una grande abilità e una comprensione delle sue debolezze. Così facendo, si può ottenere un vantaggio strategico importante nella lotta.

20. Attraverso l'utilizzo di esche, lo si spinge in avanti fino a che non ci si trova a dover organizzare una trappola con un gruppo di uomini scelti.

21. Il combattente astuto tiene conto dell'effetto dell'energia combinata e non richiede troppo da parte degli individui. Pertanto, dimostra la sua abilità selezionando le persone giuste e utilizzando al meglio l'energia combinata.

22. Quando si utilizza l'energia combinate, i combattenti diventano come dei tronchi o pietre rotolanti. È naturale per un

tronco o una pietra rimanere immobile su un terreno uniforme e muoversi su un pendio: se ha quattro angoli, si ferma, ma se è rotondo comincia a rotolare giù.

23. Quindi, l'energia sviluppata da combattenti bravi può essere paragonata all'impulso di una pietra che rotola giù da una montagna alta migliaia di piedi. Questo riguarda solo l'energia.

VI. PUNTI FORTI E FRAGILI
— Identificare E Sfruttare Vantaggi E Debolezze

Comprendere i punti di forza e di debolezza di sé stessi e del nemico può essere un vantaggio significativo in battaglia. Conduci un'analisi accurata della situazione. Comprendi i tuoi punti di forza e di debolezza, così come quelli del nemico. Cerca modi per sfruttare le debolezze nella strategia del nemico.

1. Sun Tzu affermò: Chiunque arriva per primo sul campo di battaglia e attende l'arrivo del nemico, sarà fresco per la battaglia; chi, invece, arriva in ritardo sul campo di battaglia e si affretta in battaglia, ne uscirà esausto.

2. Di conseguenza, il combattente astuto riesce a imporre la propria volontà all'avversario, senza però permettere all'avversario di imporre la propria volontà su di lui.

3. Offrendo dei vantaggi al proprio avversario, è possibile farlo avvicinare spontaneamente. In alternativa, infliggendo danni, si può impedire all'avversario di avvicinarsi del tutto.

4. Se il nemico si riposa, è possibile attaccarlo; se ha molte provviste di cibo, è possibile sfamarlo; se si trova accampato senza preoccupazioni, è possibile forzarlo a spostarsi.

5. Appari nei punti in cui il nemico deve difendersi rapidamente, e marcia velocemente verso i luoghi in cui non ti aspettano. In questo modo, potrai sorprendere il nemico e aumentare le tue possibilità di vittoria.

6. Un esercito può marciare per lunghe distanze senza difficoltà se attraversa un territorio in cui non ci sono nemici.

7. Puoi essere certo di riuscire nei tuoi attacchi se attacchi solo i luoghi non difesi. Puoi garantire la sicurezza della tua difesa se mantieni solo le posizioni che non possono essere attaccate.

8. Quel generale è capace di attaccare con abilità quando il suo avversario non sa come difendersi, ma sa anche difendersi con abilità quando il suo avversario non sa come attaccare.

9. Oh divina arte della sottilizza e della segretezza! Grazie a te, impariamo a essere invisibili e inaudibili, e quindi possiamo manipolare il destino del nostro nemico a nostro piacimento.

10. Puoi diventare completamente irresistibile se miri ai punti deboli del tuo nemico e avanzare, oppure ritirarti al sicuro da ogni inseguimento se ti muovi più velocemente del tuo avversario. In questo modo, potrai migliorare le tue capacità di difesa e attacco, acquisendo la sicurezza necessaria per affrontare qualsiasi situazione. Non sottovalutare mai il tuo avversario, ma sii sempre pronto ad adattarti al contesto e a prendere decisioni rapide e decisive. Con la giusta strategia e determinazione, potrai ottenere il successo che desideri.

11. Se vogliamo combattere, possiamo obbligare il nemico a confrontarsi con noi, anche se si rifugia dietro una fortezza altissima e un fossato profondo. Tutto ciò che dobbiamo fare è attaccare altrove, costringendolo così a intervenire e a confrontarsi con noi.

12. Se non vogliamo combattere, possiamo impedire al nemico di attaccarci anche se le linee del nostro accampamento sono disegnate

solo sul terreno. Basta mettere qualcosa di strano e inspiegabile sul suo percorso.

13. Scoprendo le disposizioni del nemico e rimanendo invisibili, riusciamo a mantenere le nostre forze concentrate, mentre quelle del nemico devono essere divise. In questo modo, possiamo evitare di esporsi inutilmente ai pericoli del campo di battaglia e sfruttare al meglio le nostre risorse. Inoltre, questo approccio ci permette di individuare eventuali punti deboli del nemico e di attaccare con precisione, massimizzando l'efficacia delle nostre azioni belliche. In conclusione, la strategia dell' invisibilità rappresenta un'ottima opportunità per ottenere la vittoria su un nemico più grande e attrezzato di noi.

14. Possiamo formare un solo corpo unito, mentre il nemico deve divider si in frazioni. Perciò, saremo un insieme contro parti separate di un unico insieme, il che virtuosamente comporterà una superiorità numerica rispetto ai pochi del nemico.

15. Se riusciamo ad attaccare una forza inferiore con una forza superiore, i nostri avversari si troveranno in gravi difficoltà.

16. Il luogo dove intendiamo combattere non deve essere rivelato, altrimenti il nemico avrà modo di prepararsi a un possibile attacco in vari punti e le sue forze saranno distribuite in molteplici direzioni, facendo scendere proporzionalmente il numero di individui che dovremo affrontare in un determinato punto.

17. Se il nemico rinforza la sua avanguardia, indebolirà il retro. Se rinforza il retro, indebolirà l'avanguardia. Se rinforza la sinistra, indebolirà la destra; se rinforza la destra, indebolirà la sinistra. Se manda rinforzi ovunque, sarà debole ovunque.

18. La vulnerabilità numerica deriva dalla necessità di prepararsi in vista di possibili attacchi; la forza numerica, invece, viene dalla capacità di costringere il nostro avversario a fare le stesse preparazioni nei nostri confronti.

19. Conoscendo il luogo e il momento imminente della battaglia, possiamo concentrarci anche da grandi distanze per combattere con più efficacia.

20. Tuttavia, se né il tempo né il luogo sono noti, l'alla sinistra sarà impotente nel soccorrere la destra e viceversa, così come l'avanguardia non potrà rifornire la retroguardia, che a sua volta non potrà sostenere l'avanguardia. Questo diventa ancora più difficile quando le porzioni più distanti dell'esercito sono separate da meno di cento li, e anche quelle più vicine sono separate da diverse li.

21. Nonostante i soldati di Yüeh sembrano essere più numerosi dei nostri, ciò nonostante non avrà alcun impatto positivo sul loro conseguimento della vittoria. Pertanto, affermo che la nostra vittoria è possibile da raggiungere.

22. Anche se il nemico è numericamente più forte, possiamo impedirgli di combattere. Progettare in modo tale da scoprire i suoi piani e la probabilità del loro successo è fondamentale.

23. Svegliamolo e scopriamo il motivo della sua attività o inattività. Costringiamolo a rivelarsi, così da individuare i suoi punti deboli.

24. Confronta attentamente l'esercito avversario con il tuo, allo scopo di individuare le eventuali differenze di forza. In questo modo, potrai comprendere esattamente dove l'avversario è più forte e dove invece ha delle carenze.

25. Nell'elaborazione delle proprie tattiche, il massimo livello di perfezione è rappresentato dalla capacità di occultarle; celando le proprie disposizioni, si potrà sfuggire alle indagini dei migliori agenti segreti e alle macchinazioni delle menti più astute.

26. Capire come ottenere una vittoria usando le tattiche del nemico è ciò che la maggior parte delle persone non riesce a comprendere.

27. Tutti gli uomini possono notare le tattiche che utilizzo per conquistare, ma ciò che nessuno può percepire è la strategia dall' quale scaturisce la vittoria.

28. Non ripetete le tattiche che vi hanno già portato alla vittoria, bensì lasciate che i vostri metodi siano regolati dalla vasta gamma di circostanze diversificate. In questo modo, sarete in grado di affrontare ogni situazione con un approccio unico e personalizzato, adattando la strategia per rispondere alle esigenze del momento. Evitate di cadere nella trappola di una soluzione facile e veloce che si adatta a qualsiasi contesto, perché ogni situazione richiede un approccio diverso per ottenere i risultati desiderati. Non abbiate paura di sperimentare nuove strategie e di adattarle continuamente alle mutevoli circostanze. La capacità di adattarsi rapidamente e di essere flessibili è ciò che vi porterà al successo a lungo termine.

29. Le tattiche militari sono simili all'acqua, in quanto scorrono naturalmente seguendo il proprio corso, lontane dai luoghi alti e precipitandosi verso il basso.

30. In situazioni di guerra, la strategia migliore consiste nell'evitare gli avversari più forti e attaccare quelli più deboli. Questo principio ha dimostrato di essere efficace nel corso della storia, e spesso ha portato alla vittoria delle truppe che hanno saputo applicarlo con successo. Evitare di entrare in combattimento diretto con le forze nemiche maggiori significa anche proteggere le proprie risorse, limitando le perdite e rafforzando così la propria posizione sul campo di battaglia. Allo stesso tempo, l'attacco mirato alle debolezze dell'avversario permette di indebolire gradualmente la sua resistenza e aumentare le possibilità di successo. In sintesi, la strada da seguire in caso di guerra è quella di agire in modo strategico, cercando di sfruttare al meglio le proprie risorse e puntando con attenzione ai punti deboli dell'altro esercito.

31. L'acqua modella il suo corso in base alla natura del terreno su cui scorre, così come il soldato lavora per conseguire la vittoria in relazione al nemico che si trova di fronte. Questo significa che sia

l'acqua che il soldato si adeguano alle circostanze per raggiungere il loro obiettivo finale.

32. Pertanto, così come l'acqua non mantiene una forma costante, anche nella guerra non ci sono condizioni costanti.

33. Colui che è in grado di adeguare le sue tattiche in base al suo avversario e, di conseguenza, riuscire a conquistare la vittoria, può essere considerato un capitano nato sotto una buona stella.

34. I cinque elementi (acqua, fuoco, legno, metallo e terra) non sono sempre presenti con lo stesso predominio; le quattro stagioni si alternano tra loro. Vi sono giorni brevi e giorni lunghi, la Luna ha i suoi cicli di calo e crescita.

VII. MANOVRE

— L'importanza Della Flessibilità E Dell'adattabilità In Guerra

La capacità di manovrare le proprie forze in posizioni vantaggiose è cruciale in ogni battaglia. Sconfiggere il nemico mediante la piazzola, significa guadagnare un vantaggio tattico. Sii flessibile nel tuo approccio alla guerra. Manovra le tue truppe in modo da massimizzare la loro efficacia. Cerca opportunità per aggirare o sorpassare il nemico.

1. Sun Tzu disse: In tempo di guerra, il generale riceve i suoi ordini dal sovrano.

2. Dopo aver costituito un esercito e concentrato le sue forze, è necessario fondere e armonizzare i diversi elementi che lo compongono prima di decidere dove stabilire l'accampamento. È importante che ogni componente sia organizzato e sincronizzato in modo da garantire l'efficacia dell'esercito e la sicurezza delle truppe.

3. Successivamente, si passa alla manovra tattica, che non rappresenta una sfida maggiore. La difficoltà della manovra tattica risiede nel trasformare l'inganno in realtà e la sfortuna in successo.

4. Quindi, per intraprendere una strada complicata e lunga, dopo aver sviato il nemico e sebbene si parta con ritardo rispetto a lui,

riuscire a raggiungere la meta prima di lui dimostra la padronanza dell'arte della deviazione.

5. Manovrare con un esercito è vantaggioso, ma farlo con una moltitudine indisciplinata è estremamente pericoloso.

6. Se si invia un esercito equipaggiato per conquistare un vantaggio, è probabile che si arrivi troppo tardi. Tuttavia, se si distacca una colonna volante, si dovrà sacrificare il bagaglio e i magazzini.

7. Pertanto, se dai disposizioni ai tuoi uomini di avvolgere i propri mantelli di cuoio e di effettuare marce forzate ininterrottamente giorno e notte, coprendo il doppio della distanza usuale in una sola volta, allo scopo di conseguire un vantaggio e ottenere la vittoria, i comandanti delle tre divisioni si ritroveranno nelle mani del nemico.

8. Gli uomini più forti saranno posti davanti, mentre quelli stanchi rimarranno indietro. Con questo stratagemma solo un decimo del tuo esercito potrà raggiungere la destinazione.

9. Se marci per cinquanta chilometri per cercare di sorprendere il nemico, perderai il capo della tua prima divisione e solo la metà delle tue truppe riuscirà a raggiungere l'obiettivo.

10. Se marci per trenta miglia con lo stesso obiettivo, due terzi del tuo esercito arriveranno.

11. Quindi, possiamo dedurre che un esercito senza il suo convoglio è destinato alla sconfitta; senza provviste non può sopravvivere; senza basi di approvvigionamento è destinato alla disfatta.

12. Non possiamo stabilire alleanze finché non conosciamo i progetti dei nostri vicini.

13. Non siamo in grado di guidare un esercito in marcia, se non siamo familiari con il territorio: le montagne e le foreste, le trappole e i precipizi, le paludi e gli acquitrini del paese.

14. Non saremo in grado di sfruttare appieno i vantaggi naturali se non ci avvaliamo di guide locali.

15. Durante una guerra, è importante praticare la dissimulazione per ottenere il successo. Dovresti decidere di muoverti solo se sei sicuro di poter cogliere un reale vantaggio.

16. Decidere se concentrare o dividere le tue truppe deve essere fatto in base alle circostanze. Ci sono diverse variabili da prendere in considerazione, ad esempio la forza e la posizione dell'avversario, il terreno, le risorse disponibili e il tempo a disposizione. È importante anche valutare l'obiettivo della missione e i possibili rischi associati a ogni scelta. Dunque, occorre valutare tutti questi aspetti con attenzione e scegliere la strategia migliore. In ogni caso, è fondamentale mantenere una buona comunicazione tra le unità e coordinare gli sforzi per raggiungere i risultati desiderati.

17. Permetti che la tua velocità sia come quella del vento, e la tua forza come quella della foresta.

18. Nei momenti di incursione e saccheggio, comportati come il fuoco, invece nella quiete immobile sii come una montagna.

19. Che i tuoi piani siano oscuri e impenetrabili come la notte e, quando agisci, colpisca come un fulmine.

20. Quando saccheggi una campagna, assicurati che il bottino venga condiviso tra i tuoi uomini; quando conquisti un nuovo territorio, suddividilo equamente tra la soldataglia.

In questo modo, garantirai che i tuoi uomini saranno soddisfatti delle tue azioni e motivati a continuare a seguire le tue leadership. La suddivisione equa di un territorio garantirà una distribuzione uniforme di risorse e territori, in modo che nessuno si senta svantaggiato. Questo è essenziale per mantenere la coesione del gruppo e garantire la continuità dell'impresa. Ricorda che il successo di una conquista dipende sempre dalla collaborazione e dalla fiducia del tuo esercito.

21. Prima di agire, è importante riflettere e ponderare attentamente la situazione. Bisogna analizzare tutti gli aspetti, sia i pro che i contro, tenendo sempre presente il proprio obiettivo finale. In questo modo, si può evitare di compiere scelte impulsive o sbagliate. La prudenza e la razionalità sono fondamentali per prendere le decisioni migliori, in ogni contesto della vita.

22. Coloro che hanno appreso l'arte della deviazione saranno in grado di conquistare. Questa arte è quella della manovra.

23. Nel Libro di Gestione dell'Esercito si afferma che durante una battaglia, le parole dette non giungono abbastanza lontano, perciò si è deciso di utilizzare gong e tamburi. Inoltre, gli oggetti comuni non sono facilmente distinguibili, per questo motivo è stato creato l'uso di bandiere e stemmi.

24. Gong e tamburi, bandiere e banderuole sono strumenti che permettono di concentrare le orecchie e gli occhi dell'esercito su un punto specifico. È importante utilizzarli in modo efficace per raggiungere la massima efficacia durante le operazioni militari. È fondamentale fare attenzione alla loro disposizione in modo da fornire segnali chiari e precisi alle truppe. In questo modo, si può garantire che siano pronte ad agire immediatamente in caso di necessità.

25. L'ospite, formando un corpo unito, rende l'avanzamento solitario del coraggioso e il ritiro solitario del vigliacco impossibili. Questa è l'arte di gestire grandi gruppi di persone.

26. Nella lotta notturna si fa ampio utilizzo dei fuochi segnalatori e dei tamburi, mentre in quella diurna le bandiere e i vessilli sono uno strumento per influenzare le orecchie e gli occhi dei tuoi soldati.

27. Un'intera armata potrebbe perdere il proprio spirito; un comandante in capo potrebbe essere privato della propria presenza mentale.

28. Ora la mente di un soldato è più sveglia al mattino; a mezzogiorno ha già iniziato a diminuire; alla sera, invece, è totalmente concentrata sul ritorno in accampamento.

29. Un generale astuto evita di attaccare un esercito quando è in uno stato di vivace spirito, ma lo attacca quando è svogliato e incline alla ritirata. Questa è l'arte di studiare gli stati d'animo.

30. Disciplina e calma sono essenziali per mantenere il controllo di sé stessi, aspettando pazientemente il momento in cui il nemico mostra segni di disordine e confusione. Questa è l'arte di mantenere la posizione e prevale nella battaglia.

31. Essere vicini all'obiettivo mentre il nemico è ancora lontano, aspettare comodamente mentre il nemico si sfinisce e lotta, essere ben nutriti mentre il nemico patisce la fame: questa è l'arte di gestire la propria forza.

32. Abbandonare l'idea di intercettare un nemico la cui bandiera è perfettamente in ordine ed evitare di attaccare un esercito schierato in modo calmo e confacente rappresenta l'arte dello studio delle circostanze. Questo approccio richiede la conoscenza e la comprensione del contesto, al fine di agire in maniera efficace e adeguata. In questo modo, si può evitare di commettere errori costosi e raggiungere il successo desiderato.

33. È un assioma militare non avanzare in salita contro il nemico, né opporsi a lui quando scende in discesa. Questo significa che non è saggio combattere quando si è in svantaggio o quando il nemico ha un vantaggio strategico. È importante mantenere la propria posizione e aspettare il momento giusto per attaccare o difendersi. In questo modo, si eviteranno perdite inutili e si otterrà una vittoria decisiva.

34. Non si deve perseguire un nemico che finge la fuga, né attaccare soldati che hanno un temperamento acuto.

35. Non devi mai prendere l'esca offerta dal nemico, né interferire con un esercito che sta tornando a casa. Inoltre, è importante

considerare che i soldati in ritirata possono essere più pericolosi di quelli in attacco. Pertanto, è saggio evitare di mettere in pericolo la propria vita o quella degli altri, mantenendo una certa distanza dagli eserciti in movimento. Ricorda sempre di proteggere te stesso e chi ti sta intorno, evitando di cadere in trappole ben architettate e di commettere errori che potrebbero causare conseguenze disastrose.

36. Quando si circonda un esercito, è importante lasciare una via di fuga libera. Non bisogna esercitare troppa pressione su un avversario che si trova in uno stato di disperazione.

37. Questa è l'arte della guerra.

VIII. VARIAZIONI TATTICHE
— La Necessità Di Strategie Creative E Imprevedibili

L'impiego ripetuto delle stesse tattiche può renderti prevedibile e vulnerabile. Per mantenere il nemico in dubbio, varia le tue tattiche e sii imprevedibile. Utilizza una combinazione di tattiche, come attacchi diretti e finti, per rendere il nemico incerto. Sii disposto a cambiare tattica improvvisamente in base alle condizioni mutevoli del campo di battaglia.

1. Sun Tzu affermò che in tempi di guerra, il generale riceve i suoi ordini direttamente dal sovrano, raduna le forze del suo esercito e le concentra per rendere più efficace il loro uso.

2. Quando ti trovi in un territorio difficile, evita di accamparti da solo. Invece, unisciti alle mani dei tuoi alleati nei punti in cui le grandi strade si incontrano, così da non restare in posizioni pericolosamente isolate. In situazioni in cui sei circondato, è importante adottare tattiche di scappatoia, invece di tentare raffronti forzati. Se ti trovi in una posizione disperata, non perdere la grinta e combatti per uscirne.

3. Ci sono strade che non devono essere percorse, eserciti che non possono essere attaccati, città che non devono essere assediate,

posizioni che non devono essere contese e comandi del sovrano che non possono essere obbediti.

4. Il generale che comprende appieno i vantaggi insiti nella variazione delle tattiche sa gestire in modo efficace le sue truppe.

5. Il generale che non comprende queste questioni, potrebbe essere ben informato sulla topografia del paese, ma non sarà in grado di applicare la sua conoscenza in modo concreto.

6. Pertanto, uno studente di guerra che non abbia familiarità con l'arte di variare i propri piani, anche se conosce i Cinque Vantaggi, non riesce a utilizzare al meglio il suo esercito.

7. In questo modo, secondo il ragionamento del saggio leader, le valutazioni di vantaggi e svantaggi verranno amalgamate tra loro.

8. Se modifichiamo le nostre aspettative di guadagno in questo modo, saremo in grado di raggiungere i nostri obiettivi principali.

9. D'altra parte, se siamo sempre pronti a cogliere un vantaggio al centro delle difficoltà, saremo in grado di uscire dalla sfortuna. È importante correggere il nostro atteggiamento e concentrarsi sulla ricerca di opportunità, invece di lasciarci abbattere dalle difficoltà. In questo modo, saremo in grado di superare i problemi e raggiungere il successo desiderato.

10. Riduci l'influenza dei tuoi avversari causando loro danni, creando problemi e mantenendoli occupati costantemente. Offri loro allettanti tentazioni per spingerli in qualsiasi direzione desideri.

11. L'arte della guerra ci insegna di non fare affidamento sulla probabilità che il nemico non arrivi, ma sulla nostra prontezza nel riceverlo; di non contare sulla possibilità che non attacchi, ma piuttosto sul fatto che abbiamo reso inattaccabile la nostra posizione.

12. Ci sono cinque colpe pericolose che possono influenzare un generale: (1) l'incoscienza, che può provocare la distruzione; (2) la codardia, che può portare alla cattura; (3) un temperamento impulsivo, suscettibile di essere provocato dagli insulti; (4) una

delicatezza d'onore, che è sensibile alla vergogna; (5) un'eccessiva preoccupazione per i suoi uomini, che lo espone a preoccupazioni e problemi.

13. Questi sono i cinque peccati capitali che un generale deve evitare poiché sono dannosi per la conduzione della guerra. Si tratta di errori che possono compromettere la strategia militare e la conseguente riuscita delle operazioni sul campo. Ecco di cosa si tratta:

    a. La superbia: un generale non deve mai permettere che il proprio ego influisca sulla decisione di attaccare o di ritirarsi. Deve rimanere lucido, valutare le opportunità e i rischi e scegliere la mossa migliore indipendentemente dal proprio successo personale.

    b. L'ira: la rabbia e l'impulsività possono portare a decisioni sbagliate. Un generale deve rimanere calmo e concentrato anche in situazioni di grande stress.

    c. L'invidia: non è necessario puntare sempre al successo dell'altro. Un generale deve concentrarsi sulla propria strategia e sulle esigenze della propria squadra.

    d. L'avidità: l'obiettivo del generale deve essere la vittoria, non il guadagno personale. Le decisioni prese a discapito della squadra non fanno altro che erodere la fiducia dei sottoposti.

    e. La pigrizia: un generale non può permettersi di essere pigro. Deve essere costantemente aggiornato sulle ultime novità tecniche e tattiche, deve fare il possibile per migliorare le capacità della propria squadra e non può lasciarsi andare all'inerzia pur di evitare il rischio.

14. Quando un esercito viene sconfitto e il suo comandante ucciso, le ragioni del fallimento possono essere ricercate in questi cinque vizi pericolosi. È utile riflettere su di essi:

a. L'avarizia: il desiderio smoderato di ricchezza e potere può portare un comandante a sacrificare la vita dei suoi soldati pur di raggiungere i suoi obiettivi personali.

b. L'arroganza: la convinzione che il proprio valore sia superiore a quello degli altri può portare a sottovalutare il nemico e a commettere errori fatali sul campo di battaglia.

c. L'impulsività: agire senza ponderare con attenzione le conseguenze delle proprie azioni può provocare gravi danni alla propria squadra e a se stessi.

d. La negligenza: la mancanza di attenzione ai dettagli e alla preparazione può essere fatale in campo di battaglia.

e. La codardia: la paura e l'incapacità di prendere decisioni difficili possono portare a una disfatta inevitabile.

La consapevolezza di questi vizi è essenziale per ogni comandante che desideri ottenere un vero successo sul campo di battaglia.

IX. L'AVANZATA DELL'ESERCITO

— L'importanza della logistica e dell'approvvigionamento

La corretta preparazione e organizzazione sono la chiave del successo in qualsiasi campagna militare. Prima di intraprendere una marcia, assicurati che le tue truppe siano ben riposate, ben nutrite e ben equipaggiate. Assicurati che le tue truppe siano ben riposate, ben nutrite e ben equipaggiate prima di intraprendere una marcia. Prevedi eventualità e sii preparato alle sfide inaspettate.

1. Sun Tzu ha detto: Parliamo adesso di organizzare l'esercito e di osservare i segnali dell'avversario. È importante attraversare rapidamente le montagne e mantenere la vicinanza dei valichi.

2. Campeggia in luoghi elevati, esposto ai raggi del sole. Non si dovrebbe salire in quota per combattere, poiché questa tecnica riguarda soprattutto la guerra in montagna.

3. Dopo aver attraversato un fiume, conviene allontanarsi bene da esso.

4. Quando una forza invasiva attraversa un fiume nel suo avanzamento, evita di incontrarla a metà del guado. È preferibile

attendere che l'intera metà dell'esercito abbia attraversato, prima di attaccare. In questo modo, si evita di trovarsi in inferiorità numerica durante la battaglia.

5. Se sei ansioso di combattere, non dovresti recarti incontro all'invasore vicino a un fiume che deve attraversare.

6. Posiziona la tua imbarcazione più in alto di quella dell'avversario, rivolgendoti verso il sole. Evita di risalire il corso del fiume per fronteggiare il nemico. Queste sono le regole principali della guerra fluviale.

7. Attraversando le paludi salate, la priorità è superarle rapidamente e senza indugi.

8. Se sei costretto a combattere in una palude salmastra, è importante assicurarsi di avere acqua ed erba vicino a te, oltre ad appoggiarti a un gruppo di alberi. Questo è fondamentale per le operazioni svolte in paludi salmastre.

9. Nella pianura arida, scegli una posizione facilmente accessibile con un terreno in salita sulla destra e alle spalle, per garantire la sicurezza. In questo modo, il pericolo si troverà di fronte. Questi sono i principi fondamentali per la scelta di una posizione ideale nella campagna piatta.

10. Questi sono i quattro rami essenziali della conoscenza militare che hanno consentito all'Imperatore Giallo di sconfiggere quattro diversi sovrani.

11. Tutti gli eserciti prediligono terreni elevati e luoghi soleggiati, piuttosto che quelli bassi e bui.

12. Se sei attento ai tuoi soldati e accampi su terreni solidi, l'esercito eviterà qualsiasi tipo di malattia e ciò porterà alla vittoria.

13. Quando incontri una collina o una sponda, prendi il lato soleggiato, con la pendenza alla tua destra posteriore. In questo modo agirai immediatamente per il beneficio dei tuoi soldati e sfrutterai i vantaggi naturali del terreno.

14. Quando, a causa di intense precipitazioni nell'entroterra, un fiume che si desidera attraversare è gonfio e ricoperto di schiuma, bisogna aspettare che si assopisca.

15. Un paese che presenti scogliere precipitose con torrenti che scorrono tra di esse, caverne naturali profonde, luoghi confinati, cespugli intrecciati, paludi e crepacci, deve essere evitato e abbandonato immediatamente.

16. Mentre ci allontaniamo da questi luoghi, dovremmo attirare il nemico; quando ci troviamo di fronte a loro, dovremmo lasciare che il nemico sia alle loro spalle.

17. Se intorno al vostro accampamento ci sono colline, stagni con erba acquatica, invasi scavati tra i giunchi o boschi con un folto sottobosco, è necessario perlustrare attentamente questi luoghi, poiché spesso sono i luoghi preferiti da uomini in agguato e spie per nascondersi e incrociare il vostro cammino.

18. Quando il nemico è vicino e rimane silenzioso, si affida alla forza naturale della propria posizione.

19. Quando mantieni le distanze e cerchi di provocare una battaglia, sei ansioso che l'altra parte vada avanti.

20. Se il tuo luogo di accampamento è facilmente accessibile, stai offrendo una trappola.

21. Il movimento tra gli alberi della foresta indica l'avanzare del nemico, mentre l'insorgere di numerose tende nel mezzo dell'erba fitta tenta di farci sospettare sulle loro intenzioni.

22. Il sollevamento degli uccelli in volo è un segnale di imminente imboscata. Gli animali terrorizzati indicano l'avvicinarsi di un improvviso attacco.

23. Quando si solleva una colonna alta di polvere, significa che i carri stanno avanzando. Quando la polvere è bassa ma si diffonde su una vasta area, la fanteria si sta avvicinando. Se si dirama in diverse direzioni, sono state inviate parti a raccogliere legna. Poche nuvole

di polvere che si muovono avanti e indietro indicano che l'esercito ha accampato.

24. Parole umili e preparazioni accresciute sono segnali che l'avversario si appresta ad avanzare. Un linguaggio violento e un'azione aggressiva come se stesse per attaccare sono segni del suo ritiro.

25. Quando i carri leggeri escono per primi e si posizionano sulle ali, significa che l'avversario sta preparandosi per lo scontro. È importante prestare attenzione a questo segnale, poiché è un'indicazione chiara della probabile imminenza della battaglia.

26. Le proposte di pace che non sono accompagnate da un giuramento di fedeltà evidenziano un complotto.

27. Quando vi è molta fretta e i soldati si mettono in fila, ciò significa che il momento critico è giunto.

28. Quando alcuni avanzano e altri si ritirano, si tratta di una tattica per attirare l'avversario in trappola.

29. Quando i soldati si appoggiano sulle loro lance, sono deboli a causa della mancanza di cibo.

30. Se coloro che sono inviati a scaricare l'acqua iniziano a berla da soli, l'esercito soffrirà di sete.

31. Se il nemico individua un'opportunità da cogliere e non effettua sforzi per realizzarla, i soldati possono trovarsi esausti.

32. Se gli uccelli si radunano in un luogo, vuol dire che si tratta di una zona disabitata. Inoltre, il rumore notturno è spesso un segnale di nervosismo.

33. Se c'è turbolenza nell'ambito militare, l'autorità del generale risulta debole. Nel caso in cui le bandiere e gli stendardi vengono spostati, si deve considerare l'avvenimento come un'azione di sedizione. L'ira degli ufficiali potrebbe denotare che gli uomini sono ormai esauriti.

34. Quando un esercito provvede all'alimentazione dei suoi cavalli con grano e uccide il bestiame per il sostentamento, e quando gli uomini non mettono a cuocere le loro pentole sul fuoco del campo, dimostrando in tal modo di non avere in programma di tornare alle loro tende, si può comprendere che sono risoluti a combattere fino all'ultimo respiro.

35. La vista degli uomini che sussurrano insieme in piccoli gruppi o parlano a tono basso indica una mancanza di affinità tra i ranghi e i file.

36. Ricompense troppo frequenti indicano che il nemico sta esaurendo le proprie risorse; troppe punizioni rivelano invece una situazione di estrema difficoltà.

37. Iniziare con fanfara, ma poi spaventarsi per il numero del nemico, dimostra una suprema mancanza di intelligenza.

38. Quando gli inviati vengono inviati con parole di lode, ciò significa che il nemico desidera una tregua.

39. Se le truppe nemiche avanzano con rabbia e restano a guardare per un lungo periodo senza attaccare o andarsene, la situazione richiede grande attenzione e prudenza.

40. Se le nostre truppe non sono più numerose dell'avversario, questo non rappresenta un problema, in quanto significa semplicemente che non possiamo effettuare un attacco diretto. Tuttavia, possiamo concentrare la nostra forza disponibile, monitorare attentamente le mosse dell'avversario e richiedere rinforzi se necessario.

41. Chi non fa uso della prudenza e sottovaluta i propri avversari si troverà sicuramente catturato da loro.

42. Se i soldati vengono puniti prima di sviluppare un legame con te, non saranno sottomessi e quindi risulteranno praticamente inutili. Se, invece, dopo che i soldati si sono già legati a te, non vengono applicate punizioni, posso diventare altrettanto inefficaci.

43. Pertanto, i soldati vanno trattati prioritariamente con umanità, ma mantenuti sotto controllo attraverso una rigorosa disciplina. Tale approccio è un'assicurazione di successo.

44. Se i comandi vengono eseguiti con regolarità durante l'addestramento, l'esercito sarà ben disciplinato; altrimenti, la sua disciplina sarà scarsa.

45. Se un generale dimostra fiducia nei suoi uomini ma insiste sempre sull'obbedienza ai suoi ordini, il beneficio sarà reciproco.

X. LA STRATEGIA DEL TERRENO

— Sfruttare L'ambiente A Proprio Vantaggio In Guerra

Comprendere il terreno e sfruttarlo a proprio favore può essere un fattore significativo nella vittoria di una battaglia. Comprendi il terreno e come quello possa influire sull'esito della battaglia. Posiziona le tue truppe in modo che ne massimizzi l'efficacia in base al terreno. Cerca opportunità per utilizzare il terreno a tuo vantaggio.

1. Sun Tzu ha affermato che ci sono sei tipi di terreno, ovvero: (1) Terreno accessibile; (2) Terreno ingarbugliato; (3) Terreno temporaneo; (4) Passaggi stretti; (5) Altezze ripide; (6) Posizioni a grande distanza dal nemico.

2. Il terreno che può essere attraversato liberamente da entrambi i lati è definito come accessibile.

3. Per quanto riguarda il terreno di questo tipo, è importante trovarsi in posizioni elevate e soleggiate per anticipare il nemico e proteggere attentamente la linea di rifornimento. In questo modo, potrai combattere con vantaggio. È fondamentale prestare attenzione

alle posizioni in cui si occupa il terreno, per mantenere il controllo della situazione.

4. Un terreno che può essere abbandonato ma che risulta difficile da riconquistare è definito ostico.

5. Da una posizione del genere, se l'avversario non è preparato, sarà possibile uscire e sconfiggerlo. Tuttavia, nel caso in cui sia stato preparato per l'arrivo e non si riesca a sconfiggerlo, sarà inevitabile una sconfitta poiché non sarà possibile tornare indietro.

6. Quando la situazione è tale che nessuna delle due parti trarrà vantaggio dal fare la prima mossa, si definisce terreno di attesa.

7. In una situazione del genere, anche se il nemico offrisse un'offerta allettante, sarebbe opportuno non agitarsi, ma piuttosto ritirarsi, attirando così il nemico a sua volta. Successivamente, quando una porzione del suo esercito sarà uscita, saremo in grado di lanciare il nostro attacco con vantaggio.

8. Per quanto concerne i passaggi stretti, se riuscirete a occuparli per primi, lasciateli fortemente presidiati e attendete l'arrivo del nemico.

9. Se l'avversario ti prevenisse occupando un valico, evita di inseguirlo se il valico è completamente presidiato, ma procedi solo se è debolmente difeso.

10. Per quanto riguarda le altezze precipitose, se riesci a prendere la posizione prima del tuo avversario, devi occupare i luoghi elevati e soleggiati e aspettare che lui si avvicini. In tal modo, avrai un vantaggio tattico, poiché potrai vedere meglio il campo e mettere in atto le tue strategie con maggiore precisione. Tuttavia, è importante non sottovalutare gli avversari e rimanere sempre vigili e pronti a reagire. Inoltre, è consigliabile non rimanere troppo a lungo in uno stesso posto, per evitare di diventare un bersaglio facile.

11. Se l'avversario li ha occupati prima di te, non seguire la sua traccia, ma ritirati e cerca di distoglierlo dalla zona.

12. Qualora tu ti trovassi a una considerevole distanza dall'avversario e la potenza delle due fazioni fosse pari, sarebbe quanto mai difficile infliggere una battaglia senza uscire svantaggiato.

13. Questi sono i sei principi legati alla Terra. Il generale che raggiunge una posizione di responsabilità deve prestare attenzione nello studio di questi principi.

14. Adesso, un esercito deve far fronte a sei diverse calamità, non causate da eventi naturali ma a causa dell'imputabilità del generale. Queste sono: (1) Fuga; (2) insubordinazione; (3) crollo; (4) rovina; (5) disorganizzazione; (6) disfatta.

15. Se tutte le altre condizioni fossero uguali, una forza lanciata contro un'altra dieci volte più grande sarebbe destinata a fuggire. Questo è il risultato prevedibile e costante che deriva dalla differenza di grandezza tra le due forze in questione.

16. Quando i soldati sono troppo forti e i loro ufficiali sono troppo deboli, ne deriva l'insubordinazione. Invece, quando gli ufficiali sono troppo forti e i soldati comuni sono troppo deboli, si verifica il collasso.

17. Quando i più alti ufficiali sono arrabbiati e insubordinati e combattono il nemico per proprio conto, determinati dal risentimento, prima che il comandante in capo possa accertarsi della loro capacità di combattimento, il risultato è destinato alla rovina.

18. Quando il generale è debole e privo di autorità, i suoi ordini non sono chiari e distinti e non vi sono compiti fissi assegnati agli ufficiali e ai soldati, con i ranghi formati in modo sciatto e casuale, il risultato è la completa disorganizzazione.

19. Quando un generale non è in grado di valutare la forza del nemico e permette a forze inferiori di sfidare quelle più grandi o manda un distaccamento debole contro uno potente, trascurando di disporre soldati scelti al fronte, il risultato inevitabilmente sarà la sconfitta.

20. Ecco sei modalità di cercare la sconfitta, che devono essere attentamente prese in considerazione dal generale che ha raggiunto un ruolo di responsabilità.

21. La configurazione naturale del territorio rappresenta il miglior supporto per il soldato; tuttavia, la capacità di valutare l'avversario, di controllare le proprie forze, di calcolare con perspicacia le difficoltà, i pericoli e le distanze costituisce il criterio decisivo per definire un grande generale.

22. Colui che conosce queste cose e le mette in pratica durante la propria lotta, avrà successo nelle sue battaglie. Colui che non le conosce né le applica, invece, sarà sicuramente sconfitto.

23. Se la battaglia garantisce la vittoria, è importante combattere, nonostante il divieto del sovrano. Tuttavia, se non ci sarà alcuna possibilità di vittoria, non si deve combattere, anche se il sovrano dovesse ordinarlo.

24. Il generale che avanza senza desiderare fama e si ritira senza timore del disonore, il cui unico pensiero è la protezione della sua patria e il buon servizio del sovrano, è il tesoro del regno.

25. Considera i tuoi soldati come se fossero i tuoi figli, e loro ti seguiranno attraverso i luoghi più difficili; trattali come i tuoi cari figli, e resteranno al tuo fianco fino alla fine.

26. Se sei indulgente, ma non riesci a far rispettare la tua autorità, a essere di buon cuore, ma non in grado di far rispettare i tuoi comandi, e se ti manca la capacità di reprimere il disordine, i tuoi soldati diventano come bambini viziati: inutili per qualsiasi scopo pratico.

27. Se sappiamo che i nostri soldati sono pronti all'attacco, ma non siamo consapevoli che il nemico non è in una posizione vulnerabile, abbiamo solo compiuto metà del cammino verso la vittoria.

28. Se sappiamo che il nemico è vulnerabile all'attacco, ma non siamo consapevoli del fatto che i nostri soldati non sono in grado di attaccare, abbiamo fatto solo metà del percorso verso la vittoria.

29. Se sappiamo che il nostro avversario è vulnerabile all'attacco e siamo sicuri che i nostri soldati sono in grado di attaccare, ma non siamo consapevoli del fatto che la conformazione del terreno rende la battaglia impraticabile, allora non abbiamo raggiunto ancora la vittoria completa.

30. Quindi, il soldato esperto non si confonde mai una volta che si muove; una volta che ha smantellato il campo base, non rimane mai perplesso.

31. Ecco perché si dice: se conosci il tuo nemico e ti conosci, non ci saranno dubbi sulla tua vittoria; se conosci il Cielo e la Terra, potrai rendere la tua vittoria completa.

XI. LE NOVE SITUAZIONI DA AFFRONTARE

— Adatta la strategia alle nuove circostanze

Comprendere i nove diversi tipi di situazioni che possono manifestarsi in battaglia può aiutarti a prendere decisioni più informate. Comprendi i nove diversi tipi di situazioni che possono manifestarsi in battaglia. Identifica la situazione in cui ti trovi e adatta le tue tattiche di conseguenza.

1. Sun Tzu ha affermato che l'arte della guerra identifica nove tipi di terreno: (1) Terreno disperso; (2) Terreno facile; (3) Terreno contestato; (4) Terreno aperto; (5) Terreno di intersezione stradale; (6) Terreno serio; (7) Terreno difficile; (8) Terreno ristretto; (9) Terreno disperato.

2. Quando un leader combatte nel proprio territorio, si trova su un terreno difficile da controllare e tenere unito.

3. Quando si entra in territorio ostile, ma non troppo distante, la situazione diventa semplice da gestire.

4. Il terreno, che rappresenta un grande vantaggio per entrambe le parti, è oggetto di contesa. Ci sono alcune carenze nella proprietà del terreno che devono essere risolte al fine di garantire un uso

efficace e sostenibile. Tuttavia, la situazione attuale è ambigua e richiede una soluzione rapida e definitiva per evitare futuri conflitti tra i proprietari.

5. Il terreno aperto è quello su cui ogni parte ha libertà di movimento.

6. Il terreno rappresenta una chiave fondamentale per il controllo di tre stati adiacenti. Chi per primo ne prende possesso ha il controllo della maggior parte dell'Impero. Si tratta di un territorio costellato di strade intersecanti.

7. Quando un esercito si addentra nel cuore di un paese ostile, lasciando alle spalle una serie di città fortificate, si parla di terreno difficile da conquistare.

8. Foreste di montagna, dirupi rocciosi, paludi e torbiere - tutto questo territorio è difficile da attraversare: si tratta di un terreno arduo.

9. Il terreno circondato è raggiungibile attraverso strette gole e può essere abbandonato solo attraverso percorsi tortuosi. Ciò significa che un piccolo gruppo di nemici può facilmente schiacciare un grande numero dei nostri uomini. È importante essere consapevoli di queste difficoltà e considerarle attentamente prima di impegnarsi in battaglia.

10. Il luogo dove possiamo essere salvati dalla distruzione soltanto combattendo immediatamente è il luogo disperato.

11. Su terreni difficili, non è saggio affrontare i problemi. Su terreni facili, evita di adagiarti sugli allori. Su terreni controversi, cerca di trovare una soluzione pacifica.

12. In un ambiente aperto, non tentare di bloccare il percorso del nemico. In un terreno con diverse intersezioni stradali, unisciti alle forze dei tuoi alleati.

13. In un terreno impegnativo, concentratevi per raccogliere il bottino. In un terreno ostico, perseverate con costanza nella vostra avanzata.

14. In un terreno limitato, è necessario utilizzare una strategia ben definita. In un terreno difficile, invece, bisogna lottare con tutte le proprie forze.

15. Coloro che venivano chiamati abili leader antichi sapevano come inserire una spada nella schiera nemica; impedire la collaborazione tra le sue divisioni grandi e piccole; evitare che i valorosi soldati salvassero i codardi e impedire ai comandanti di radunare nuovi uomini.

16. Quando gli uomini nemici erano dispersi, non riuscivano a concentrarsi, ma quando le loro forze erano unite, le mantenevano in disordine.

17. Quando era conveniente per loro, prendevano un'azione diretta; quando non lo era, rimanevano fermi.

18. Se mi chiedessero come affrontare una grande schiera di nemici che si sono schierati in modo ordinato e sono pronti ad attaccare, direi: "Inizia prendendo qualcosa che il tuo avversario tiene a cuore; così sarà più incline ad accontentare i tuoi desideri".

19. La rapidità costituisce l'essenza della guerra: bisogna sfruttare l'impreparazione del nemico, aprirsi la strada con percorsi inaspettati e attaccare i punti deboli non protetti.

20. I seguenti principi devono essere osservati da una forza invasiva: più ci si addentra in un paese, maggiore deve essere la solidarietà tra le proprie truppe per prevenire che i difensori prevalgano su di te.

21. Effettua incursioni nei territori fertili per rifornire il tuo esercito di cibo necessario.

22. Studia attentamente il benessere delle persone che lavorano per te e cerca di non sovraccaricarle di compiti. Concentra la tua

energia e impara a dosare le tue energie. Assicurati che il tuo team rimanga sempre attivo e che tu possa elaborare piani intelligenti e difficili da prevedere.

23. Posiziona i tuoi soldati in punti in cui non hanno scampo e preferiranno morire piuttosto che fuggire. Se affrontano la morte, non c'è obiettivo che non possano raggiungere. Gli ufficiali e i soldati metteranno in gioco la loro massima forza.

24. I soldati, quando si trovano in situazioni disperate, perdono il senso della paura. Se non vi è un rifugio dove ripararsi, rimangono fermi. Nel cuore di un paese ostile mostrano ostinazione. Se non c'è altra opzione, combattono con determinazione.

25. In questo modo, i soldati saranno costantemente vigili senza bisogno di ordini per schierarsi. Saranno lieti di eseguire i tuoi ordini senza doverli chiedere. Saranno fedeli incondizionatamente, e la loro affidabilità non avrà bisogno di alcuna restrizione o controllo. Inoltre, non avrai bisogno di impartire ordini perché potrai fidarti di loro implicitamente.

26. Vietate la credenza nei presagi e liberatevi dai dubbi superstiziosi. Finché la morte non è giunta, non c'è motivo di temere alcuna calamità.

27. Se i nostri soldati non sono troppo gravati da beni materiali, ciò non significa che detestino la ricchezza; se non godono di una vita eccezionalmente lunga, non significa che non desiderino la longevità.

28. Il giorno in cui vengono ordinate le truppe a combattere, i vostri soldati potrebbero piangere, sia coloro che stanno seduti bagnando i loro abiti, sia quelli che sono sdraiati lasciando scorrere le lacrime sulle guance. Ma una volta portati all'angolo, mostreranno il coraggio di un Chu o di un Kuei.

29. Un tattico abile può essere paragonato allo shuai-jan, il serpente che vive nelle montagne Ch'ang. Se si colpisce la sua testa,

si sarà attaccati dalla sua coda, se si colpisce la coda, si sarà attaccati dalla testa e se si colpisce il mezzo, si sarà attaccati sia dalla testa che dalla coda.

30. Se mi chiedessero se un esercito può imitare lo shuai-jan, risponderei di sì. I soldati di Wu e i soldati di Yüeh sono nemici, ma se si trovano a dover attraversare un fiume sulla stessa barca e vengono colti da una tempesta, si aiutano reciprocamente, proprio come la mano sinistra aiuta la destra.

31. Pertanto, non è sufficiente contare esclusivamente sulle funi per i cavalli e sull'ancoraggio delle ruote dei carri nel terreno.

32. Il principio fondamentale per gestire un esercito è stabilito dalla definizione di uno standard di coraggio, al quale tutti i soldati devono uniformarsi.

33. Come sfruttare al meglio i propri punti di forza e di debolezza è una questione che richiede l'utilizzo corretto del proprio campo di azione.

34. Così, l'abile generale dirige il suo esercito come se stesse guidando un singolo uomo, che lo voglia o meno, per mano.

35. È compito di un generale mantenere la tranquillità e garantirne la segretezza, mentre è altrettanto importante essere retti e giusti per mantenere l'ordine.

36. Deve essere capace di confondere sia i propri ufficiali che i soldati con rapporti e apparenze fasulle, in modo da mantenerli completamente all'oscuro. Si richiede quindi una grande abilità nel creare inganno e ambiguità, al fine di mantenere la segretezza e la sicurezza delle operazioni.

37. Modificando i suoi piani e cambiando le sue disposizioni, l'avversario viene sorpreso. Spostando il proprio accampamento e selezionando percorsi complicati, si impedisce all'avversario di prevedere i propri obiettivi.

38. In un momento critico, il comandante di un esercito agisce come se fosse salito su di una collina e poi getta via la scala alle sue spalle. Conduce i suoi uomini in profondità nel territorio dell'avversario prima di rivelare le proprie carte.

39. Brucia le sue barche e rompe le sue pentole da cucina. Come un pastore che guida un gregge di pecore, guida i suoi uomini avanti e indietro senza che nessuno sappia dove si sta dirigendo.

40. Radunare l'esercito e condurlo al pericolo è ciò che può essere definito il compito del generale.

41. Le diverse misure adatte alle nove varietà di terreno, le opportunità di tattiche aggressive o difensive e le leggi fondamentali della natura umana, sono tutti argomenti che devono essere studiati attentamente per poter avere successo. È importante comprendere che questi elementi sono tutti fondamentali per raggiungere gli obiettivi e superare le sfide che si presentano lungo il percorso. Quindi, è necessario investire tempo ed energia per acquisire conoscenze e competenze in questi campi, poiché solo in questo modo si potrà ottenere un vantaggio competitivo e raggiungere il successo desiderato.

42. Quando si invade un territorio ostile, il principio generale prevede che la penetrazione in profondità favorisca la coesione, mentre la penetrare solo per breve tempo provochi la dispersione.

43. Quando si lascia il proprio paese con il proprio esercito e si attraversa il territorio altrui, si entra in un terreno delicato. Quando le vie di comunicazione circondano tutti e quattro i lati, il terreno diventa costituito da intersecanti autostrade.

44. Quando si esplora a fondo un paese, si cammina su terreno serio. Mentre, quando si esplora solo superficialmente, il terreno diventa facile.

45. Quando hai roccaforti nemiche e stretti passaggi frontali alle tue spalle, ti ritrovi in un terreno bloccato. In assenza di rifugi, invece, si parla di terreno disperato.

46. Su un terreno così difficile, incoraggerei i miei uomini a lavorare con una sola unità di intenti. Tuttavia, su un terreno facile, garantirei che tutte le parti del mio esercito siano strettamente connesse.

47. In terreni contestati, accelererei il passo posteriore.

48. In un terreno scoperto, terrei sempre vigile la mia difesa. Nella zona di intersezione tra autostrade, consoliderei le mie alleanze.

49. In terreni stabili, mi impegnerei affinché vi sia un costante flusso di rifornimenti. In terreni ostili, invece, proseguirei per la strada determinato ad andare avanti.

50. Su un terreno ristretto, impedirei ogni possibile via di fuga. In una situazione disperata, avvertirei i miei soldati della necessità di mettere a rischio le loro vite per la salvezza del gruppo.

51. È nella natura del soldato di offrire una resistenza tenace quando si trova circondato, di combattere con determinazione quando non ha altre scelte e di obbedire prontamente quando è in pericolo. In questo modo, si assicura la sopravvivenza e la protezione della propria squadra.

52. Non possiamo alleare con principi vicini finché non conosciamo i loro progetti. Non siamo pronti a guidare un esercito durante una marcia finché non siamo familiari con il paesaggio: le sue montagne, le sue foreste, i suoi trabocchetti, i suoi precipizi, le sue paludi. Non saremmo in grado di sfruttare al meglio le opportunità naturali senza l'utilizzo di guide locali.

53. Non è appropriato per un principe guerriero non conoscere almeno quattro o cinque dei seguenti principi. È importante che un leader militare sia particolarmente rigoroso nella sua formazione e abbastanza preparato per affrontare ogni situazione. L'ignoranza

indebolisce il potere del principe guerriero e lo rende vulnerabile alle insidie dei nemici. Pertanto, per garantire il successo delle sue imprese, un vero leader deve sempre essere informato e aggiornato sulle pratiche guerresche migliorative.

54. Quando un principe guerrafondaio attacca uno stato potente, dimostra la sua abilità di generale prevenendo la concentrazione delle forze nemiche. Egli intimorisce i suoi avversari e impedisce che i loro alleati si uniscano contro di lui.

55. Pertanto, non cerca di stringere alleanze con tutti e non incoraggia il potere degli altri stati. Egli mette in atto i suoi disegni segreti, mantenendo i suoi avversari nella paura. In questo modo, riesce a conquistare le città altrui e ad abbattere i loro regni.

56. Assegna ricompense senza limitarti alle regole, impartisci ordini senza dover rispettare accordi precedenti; così potrai gestire un intero esercito con la stessa facilità con cui ne gestiresti uno solo.

57. Affronta i tuoi soldati con il fatto stesso: non far loro sapere il tuo piano. Quando le prospettive sono promettenti, mostrale ai loro occhi, ma non dire nulla quando la situazione è cupa.

58. Metti il tuo esercito in grave pericolo e sopravvivrà; sfidalo con situazioni estreme e uscirà indenne.

59. Infatti, è proprio quando una forza si trova in pericolo che può dare un colpo vincente per ottenere la vittoria.

60. Il successo in guerra si ottiene adattandosi attentamente ai piani del nemico.

61. Continuando a rimanere costantemente vicini al nemico, saremo in grado di eliminare il comandante in capo a lungo termine.

62. Questo è noto come abilità nel realizzare una cosa attraverso pura astuzia.

63. Il giorno in cui assumi il comando, blocca i passaggi di frontiera, distruggi i documenti ufficiali e fermi l'accesso di tutti gli emissari.

64. Sii severo durante le sedute del consiglio, così da poter mantenere il controllo della situazione.

65. Se l'avversario lascia aperta una porta, bisogna entrare di corsa.

66. Prevenite il vostro avversario catturando ciò che gli interessa, e pianificate con astuzia il momento della sua discesa a terra.

67. Cammina sul sentiero definito dalle regole e adattati all'avversario finché non sei pronto per combattere la battaglia decisiva.

68. Innanzitutto, manifesta l'atteggiamento timido di una giovane donna fino a quando il nemico ti offrirà l'opportunità; successivamente, imita la velocità di una lepre che corre, e il nemico non avrà il tempo di fermarti.

XII. L'ATTACCO INFIAMMABILE

— Utilizzare Il Fuoco E La Distruzione Come Arma

L'uso del fuoco come arma può essere un modo efficace per demoralizzare il nemico e ottenere un vantaggio tattico. Usa il fuoco come arma quando necessario. Cerca modi per demoralizzare il nemico e ottenere un vantaggio tattico.

1. Sun Tzu ha affermato che esistono cinque modi per innescare un attacco con il fuoco. Il primo consiste nel bruciare i soldati nel loro accampamento; il secondo consiste nell'incendiare i negozi; il terzo è di incendiare i convogli di rifornimenti; il quarto è di bruciare gli arsenali e i magazzini; infine, la quintessenza dell'attacco con il fuoco è rappresentata dall'utilizzo di fuoco cadente tra le truppe nemiche.

2. Per effettuare un attacco, è necessario disporre dei mezzi adeguati. Il materiale per accendere il fuoco va sempre mantenuto a portata di mano.

3. Esiste una stagione opportuna per condurre attacchi con il fuoco e giorni specifici per provocare un incendio.

4. La stagione opportuna è quando il clima è molto secco. I giorni propizi sono quelli in cui la luna si trova nelle costellazioni della Setaccio, del Muro, dell'Ala o della Traversa, poiché sono tutti e quattro giorni di vento crescente.

5-10. Nel lanciare un'offensiva con l'uso delle fiamme, bisogna prepararsi a fronteggiare cinque possibili situazioni: (1) se il fuoco inizia a divampare all'interno del campo nemico, occorre rispondere prontamente con un attacco dall'esterno; (2) in caso di esplosione delle fiamme, è opportuno attendere il momento giusto, evitando di attaccare nel caso in cui i soldati nemici rimanessero immobili; (3) se la potenza del fuoco raggiunge l'apice, bisogna seguirlo con un attacco, se possibile, altrimenti è meglio rimanere al proprio posto; (4) se vi è la possibilità di attaccare con le fiamme dall'esterno, è meglio agire al momento opportuno, evitando di attendere lo sviluppo di un attacco interno; (5) in conclusione, occorre stare sempre a monte nel momento in cui si lancia il fuoco, evitando di attaccare da valle.

11. Un vento che si alza di giorno dura a lungo, ma una brezza notturna cade presto.

12. In ogni esercito è necessario conoscere i cinque aspetti cruciali del fuoco, valutare i movimenti delle stelle e mantenere la guardia durante i giorni opportuni.

13. Coloro che utilizzano il fuoco come supporto all'attacco dimostrano di avere intelligenza; coloro che, invece, utilizzano l'acqua come mezzo di sostegno guadagnano una maggiore forza.

14. Attraverso l'acqua si può individuare un nemico, ma non si può privarlo di tutti i suoi beni.

15. Sfortunata è la sorte di chi cerca di vincere le proprie battaglie e ottenere successo nei propri attacchi senza coltivare lo spirito imprenditoriale; ciò porta solamente allo spreco di tempo e a una stagnazione generale.

16. Da ciò deriva il detto: "Il sovrano illuminato pianifica in anticipo le proprie strategie; il buon generale gestisce le proprie risorse con cura".

17. Non muoverti a meno che non ci sia un vantaggio evidente; non impiegare le tue truppe se non c'è da guadagnare nulla; non fare guerra a meno che la posizione non sia critica.

18. Nessun governante dovrebbe predisporre l'invio delle truppe sul campo solo per soddisfare la propria ira; allo stesso modo, nessun generale dovrebbe guidare una battaglia soltanto per mettere in mostra il proprio coraggio.

19. Se ti conviene, fai un passo avanti; altrimenti, rimani dove sei.

20. La rabbia, col tempo, può trasformarsi in gioia; il fastidio può essere seguito dalla soddisfazione.

21. Un regno distrutto non potrà mai risorgere; allo stesso modo, un morto non potrà mai essere riportato in vita.

22. Pertanto, un sovrano illuminato è attento, mentre un buon generale è prudente. Questo è il modo per mantenere un Paese in pace e un esercito integro.

XIII. L'USO DEGLI SPIE

— L'arte Della Raccolta Di Informazioni e Operazioni Segrete

Comprendere i nove diversi tipi di situazioni che possono manifestarsi in battaglia può aiutarti a prendere decisioni più informate. Comprendi i nove diversi tipi di situazioni che possono manifestarsi in battaglia. Identifica la situazione in cui ti trovi e adatta le tue tattiche di conseguenza.

1. Sun Tzu ha detto: Creare un esercito di centomila uomini e marciare grandi distanze comporta una grande perdita per il popolo e una diminuzione delle risorse dello Stato. La spesa giornaliera ammonta a mille once d'argento. Ci saranno agitazioni sia nazionali che internazionali e le truppe si sentiranno esauste lungo le strade. Fino a settecentomila famiglie subiranno interruzioni nel loro lavoro.

2. Gli eserciti nemici possono combattere per anni, alla ricerca della vittoria che si decide in un solo giorno. Tuttavia, non voler conoscere le condizioni del nemico solo per non dover spendere cento once d'argento per onori ed emolumenti, rappresenta l'apice dell'insicurezza.

3. Colui che presume di agire in simile modo non può essere considerato un leader d'uomini, né un valido supporto al suo sovrano, né tanto meno il padrone della vittoria.

4. Ciò che permette al sovrano saggio e al buon generale di colpire, conquistare e raggiungere risultati al di fuori della portata degli uomini comuni è la prescienza. Quest'ultima è essenziale per le decisioni strategiche, poiché consente di prevedere le conseguenze delle azioni prima ancora che vengano intraprese.

In tal modo, il sovrano saggio e il buon generale possono anticipare le mosse dei propri avversari, evitare le trappole e sfruttare al meglio le opportunità. La prescienza è dunque un elemento fondamentale della leadership efficace e della strategia militare vincente.

In conclusione, la prescienza è l'abilità di guardare al futuro con lucidità e saggezza, di analizzare i dati disponibili e di trarre conclusioni fondate. Un sovrano o un generale che possiede questa virtù è destinato a raggiungere grandi successi e a essere ricordato nella storia come un grande condottiero.

5. Questa previsione non può essere ottenuta dagli spiriti; non può essere acquisita attraverso l'esperienza in modo induttivo, né tramite calcoli deduttivi.

6. La conoscenza delle disposizioni dell'avversario può essere ottenuta solo tramite l'interazione con altre persone.

7. Di conseguenza, vengono utilizzate le spie, che sono divise in cinque categorie: (1) spie locali; (2) spie interne; (3) spie convertite; (4) spie sacrificate; (5) sopravvissute.

8. Quando tutti e cinque i tipi di spie sono al lavoro, nessuno può scoprire il sistema segreto. Questa abilità è chiamata "divina manipolazione dei fili" ed è la facoltà più preziosa del sovrano. È importante notare che questa abilità è molto potente e permette di mantenere il segreto al sicuro. Questo sistema può essere utilizzato solo dal sovrano e dal suo team di spie. Grazie a questa abilità, il sovrano è in grado di controllare tutti i movimenti del suo nemico senza essere scoperto. È un'abilità davvero incredibile e preziosa per la sicurezza del regno.

9. Avere agenti locali significa utilizzare i servizi forniti dagli abitanti della zona.

10. Avere spie interne che sfruttino i funzionari dell'avversario.

11. Convertire le spie nemiche, ottenere il loro controllo e usarle per i nostri obiettivi è un'abilità preziosa. È importante imparare a sfruttare a nostro vantaggio le informazioni che possiamo ottenere da queste spie, ma anche a mantenere la loro segretezza ed evitare che i nostri nemici scoprano la loro conversione. Questa è una strategia delicata e richiede molta attenzione e abilità per ottenere i risultati desiderati.

12. Avere delle spie condannate, fare alcune cose in modo trasparente solo per ingannare e permettere alle nostre spie di saperne di più e riferirle al nemico non è accettabile. È importante mantenere la riservatezza e l'efficacia della nostra attività di spionaggio. Dobbiamo assicurarci che le nostre azioni siano sempre legittime e guidate dal vero obiettivo di proteggere il nostro paese e la sicurezza dei nostri cittadini.

13. Gli sopravvissuti alle battaglie sono coloro che riportano notizie dal campo nemico. Sono quelli che riescono a sopravvivere e a tornare indietro per raccontare ciò che hanno visto e sentito. La loro importanza è grande perché permettono di avere informazioni sulla situazione del nemico e di prepararsi di conseguenza. In ogni caso, sopravvivere non è facile e richiede tanta abilità e fortuna.

14. Ecco perché con nessuno nell'intero esercito si dovrebbero mantenere relazioni più intime di quelle con gli spie. Nessuno dovrebbe essere ricompensato più liberamente di loro. In nessun'altra attività dovrebbe essere mantenuto un maggior segreto.

15. Gli spi non possono essere utilmente impiegati senza una certa sagacia intuitiva.

16. Non possono essere gestiti correttamente se non vi è benevolenza e franchezza.

17. Senza una sottile ingegnosità mentale, non si può avere la certezza della veridicità dei propri resoconti.

18. Sii subdolo! Sii astuto! E impiega le tue spie per ogni evenienza.

19. Se una notizia segreta viene divulgata da una spia prima del momento opportuno, essa deve essere giustiziata insieme all'uomo a cui il segreto è stato rivelato.

20. Indipendentemente se l'obiettivo sia quello di schiacciare un'armata, conquistare una città o assassinare un individuo, è sempre necessario iniziare scoprendo i nomi degli assistenti, aiutanti di campo, guardie e sentinelle del generale al comando. Le nostre spie devono essere incaricate di verificarli.

21. Le spie nemiche che sono venute a spiare di noi devono essere individuate, tentate con tangenti, tratte via e sistemate comodamente, diventando spie convertite e disponibili al nostro servizio.

22. È grazie alle informazioni fornite dallo spia convertito che siamo in grado di acquisire e impiegare spie locali e interne.

23. Grazie alle sue informazioni, possiamo assicurare che l'agente addetto al fallimento riporti false informazioni al nemico.

24. Infine, è grazie alle sue informazioni che la spia sopravvissuta può essere impiegata in occasioni specifiche.

25. La fine e lo scopo dello spionaggio in tutte le sue cinque varianti è la conoscenza del nemico, e tale conoscenza può essere acquisita in primo luogo tramite lo spia convertito. Pertanto, è essenziale trattare lo spia convertito con massima liberalità.

26. In passato, la nascita della Dinastia Yin fu dovuta a I Chih, che aveva servito sotto la Dinastia Hsia. Allo stesso modo, la nascita della Dinastia Chou fu dovuta a Lü Ya, che aveva servito sotto la Dinastia Yin.

27. Pertanto, solo il governante illuminato e il generale saggio faranno uso dell'intelligenza più elevata dell'esercito per il servizio di spionaggio, e così potranno conseguire risultati significativi. Le spie rappresentano l'elemento cardine della guerra, in quanto ne dipende la capacità di movimento dell'esercito.

INDICE